# HSE学习手册

中国石油工程建设公司安全环保处 编

石油工业出版社

## 内 容 提 要

本书针对石油工程建设企业的业务特点,全面介绍了HSE管理的四个方面:管理理念、作业安全、HSE知识、HSE管理工具,图文并茂,简明易懂。

本书适合石油工程建设从业人员学习使用,相关专业人员也可以参考借鉴。

**图书在版编目(CIP)数据**

HSE学习手册 / 中国石油工程建设公司安全环保处编.
北京:石油工业出版社,2013.3
ISBN 978-7-5021-9527-4

Ⅰ. H…
Ⅱ. 中…
Ⅲ. 石油企业 – 工业企业管理 – 中国 – 手册
Ⅳ. F426.22-62

中国版本图书馆CIP数据核字(2013)第043862号

出版发行:石油工业出版社
 (北京安定门外安华里2区1号 100011)
 网 址:www.petropub.com
 编辑部:(010)64255590 图书营销中心:(010)64523633
经 销:全国新华书店
印 刷:北京中石油彩色印刷有限责任公司

2013年3月第1版 2016年1月第2次印刷
787×1092毫米 开本:1/32 印张:3.125
字数:65千字

定价:10.00元
(如出现印装质量问题,我社图书营销中心负责调换)
**版权所有,翻印必究**

# 编委会

主 任：侯浩杰

副主任：汪桃义　李军瑞

主 编：鞠全宝

编 委：（按姓氏笔画排序）

　　　　卫建良　王文江　王振坤　刘冬勤

　　　　李新刚　陈乃珍　陈金忠　柳长钢

　　　　郭吉红

# 序

在尊重生命、重视安全、保护环境颇受推崇的当今社会，关于HSE管理的通用书籍并不少见，然而只有不变的法则，没有不变的环境，HSE管理的最大特点是其个性化。因此，把一般性的指导原则应用于特定的环境，就是HSE管理的总原则。这本《HSE学习手册》就是为了满足这一需要而编制的。

本书针对中国石油工程建设公司业务特点，围绕HSE工作重点，全面详实地阐述了HSE管理的四个方面：一是管理理念，针对业务范围，对有感领导等三项HSE管理理念进行了论述；二是作业安全，列举了与石油工程建设业务密切相关的14种高危作业的安全规定；三是HSE知识，用聊天式的语言把急救、消防、交通安全等11类日常HSE实用知识娓娓道来；四是HSE管理工具，详细介绍了行为安全观察与沟通、目视化管理等9种科学先进的管理工具和方法。书中同时收集了中国石油天然气集团公司HSE管理九项原则和反违章六条禁令，以及中国石油工程建设公司HSE承诺与方针，这些都是HSE管理的基本法则。

全书结构严谨，文字通俗简洁，带着读者不知不觉地走进装满健康、安全与环保知识的殿堂。图文并茂的表达方式，让人耳目一新，全无枯燥之感。品读它，时而让人颔首称赞，时而让人茅塞顿开。页侧加注的短语警句，使得页面精彩纷呈，无论带着何种心态打开本书，都会让人有所裨益，享受着知识的甘甜。

知识就是力量。这本精心编制的《HSE学习手册》是东方旭日的微光，是姗姗来临的春雨，随着它的广泛传播，必将为喜爱它、接纳它的人们照亮前行的道路，为中国石油工程建设公司的HSE文化建设浇灌出累累的硕果。

中国石油工程建设公司副总经理、安全总监：

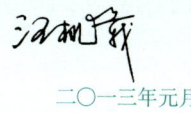

二〇一三年元月

# 前言

随着社会的不断发展，人们在物质生活条件不断改善的环境下，对生命的尊重、对安全的要求也越来越高。知识改变命运，文化提高素质，只有会安全，才能保安全。中国石油工程建设公司在不断深化HSE管理的同时，非常注重安全文化的培育和建设，本手册旨在为广大员工提供一本便于携带、易于学习的安全知识读本，促进员工通过日常的不断学习，来强化安全理念，固化安全意识，丰富安全知识和提高安全技能，逐步杜绝违章指挥和违章操作等不安全行为，不断提高员工识别风险、防范隐患的能力。手册中收集了中国石油天然气集团公司HSE管理九项原则和反违章六条禁令，中国石油工程建设公司HSE承诺、方针以及"一切事故都是可以避免的"HSE理念；对有感领导、直线责任和属地管理等管理理念在手册中也进行了简要的解读和释义；本手册还对石油工程建设现场经常从事的高处作业、动火作业等高危作业安全规定进行了简述；HSE知识部分对日常涉及的交通安全、消防安全、差旅及办公室安全，急救知识，工具使用、职业病预防和环境保护等方面的知识做了介绍；对作业许可、工作安全分析（JSA）、行为安全观察与沟通、安全经验分享和目视化管理等一些科学先进的管理工具和方法，也在本手册中做了简要介绍，以开阔视野，改进安全管理模式。

本手册作为中国石油工程建设公司安全文化建设读本之一，还将不断地改进和完善，希望各位读者在阅读和使用中提出宝贵的改进建议和意见。

编者

二〇一三年元月

# CONTENTS
## 目 录

### A 管理理念
有感领导/2
直线责任/4
属地管理/5

### B 作业安全
高处作业/6
动火作业/8
临时用电作业/10
受限空间作业/12
动土作业/16
吊装作业/19
放射性作业/21
脚手架作业/22
夜间作业/24
吊篮作业/26
交叉作业/27
高温作业/30
雨季施工/32
冬季施工/34

## C HSE知识

劳动防护用品/36

交通安全/38

消防安全/39

办公室安全/42

差旅安全/44

急救常识/46

手动工具和电动工具/50

安全色与安全标识/52

文明施工/54

职业病预防/56

环境保护/61

## D HSE管理工具

作业许可/64

工作安全分析（JSA）/66

行为安全观察与沟通/70

个人安全行动计划/72

安全经验分享/74

目视化管理/76

HSE培训矩阵/78

班前会商/79

上锁挂牌管理/80

# 管理理念

有感领导、直线责任和属地管理既是一种管理理念,也是一种工作要求,更是明晰并落实全员HSE责任制的有效方式和具体体现。

有感领导是点、直线责任是线、属地管理是面,通过点、线、面把安全生产、安全管理、安全责任有机的、立体的、紧密的结合起来。

这三个理念之间互为载体,具体内涵也有交叉,三者的逻辑关系见下图。

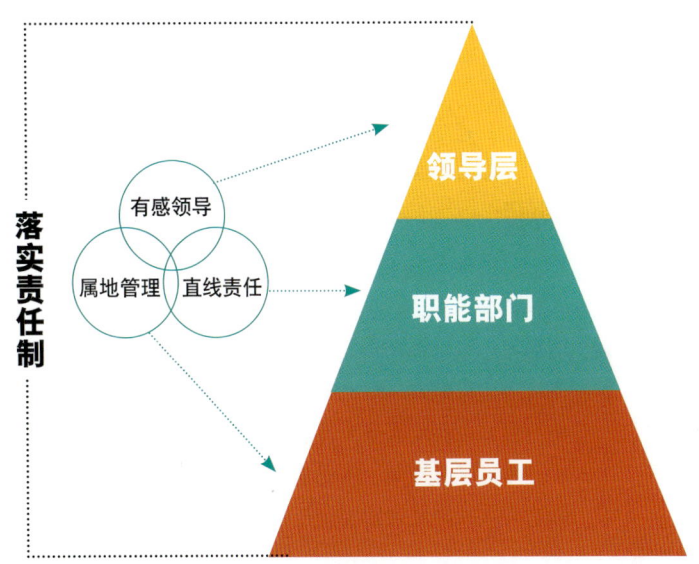

## 有感领导

有感领导是指企业各级领导通过个人的安全行为，体现出良好的领导行为和组织行为，使员工真正感知到安全生产的重要性，感受到领导做好安全工作的示范性，感悟到自身做好安全工作的必要性。

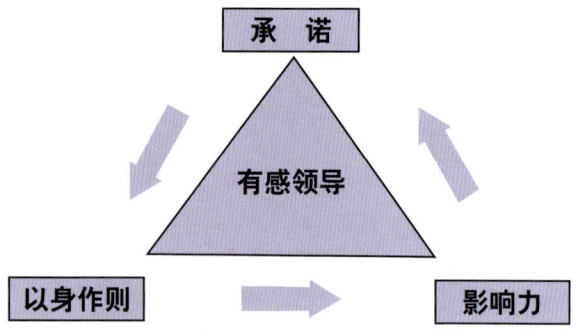

领导力：
- 重视力：真正把HSE放到与生产同等重要的位置；
- 支持力：提供人、财、物、技术、信息等资源保障；
- 参与力：落实个人安全行动计划，带头分享安全经验；
- 示范力：以身作则、率先垂范，带头遵守HSE规定；
- 影响力：领导展现的安全行为对员工的正面影响。

管理理念

## 自评价 "我能做到七个带头吗?"

- ☑ 带头宣贯安全理念
- ☑ 带头遵守安全规章制度
- ☑ 带头制定实施个人安全行动计划
- ☑ 带头开展安全审核
- ☑ 带头讲授安全课
- ☑ 带头开展安全风险识别
- ☑ 带头开展安全经验分享活动

我能做到七个带头吗?

3

落实一项措施，胜过十句口号

HSE学习手册

## 直线责任

直线责任是指落实各项工作的负责人对分管工作范围内的HSE管理工作直接负责。

| 直 线 责 任 | |
|---|---|
| **各级主要负责人** 对HSE管理全面负责 | **分管领导** 对分管工作范围内的HSE工作直接负责 |
| **各级机关职能部门** 对本部门分管的业务范围内的HSE工作负直线责任 | **各级安全管理部门** 对本单位HSE工作负综合管理和监督责任 |

不怕千日紧,就怕一时松

# 管理理念

## 属地管理

属地的划分主要以工作区域为主,以岗位为依据,把工作区域、设备设施及工器具细划到每一个人身上。

对作业人员来说,您的属地就是您的岗位作业区域;对办公室人员来说,您的属地就是您的办公区域。

### 属地管理基本职责

◆ 对属地区域内设备设施的完好性负责;
◆ 对属地区域内作业活动的安全负责;
◆ 对属地区域内环境的整洁负责;
◆ 对进入属地区域的所有人员的安全负责。

我的地盘
　　我做主!

简化作业省一时,贪小失大苦一世

# 作业安全

## 高处作业

### 什么情况下需要高空坠落保护？

◆ 无安全护栏的通道、屋面平台作业；
◆ 临边作业或坑、洞边缘作业；
◆ 悬挑作业；
◆ 自上而下的拆除作业。

注意：凡在坠落高度基准面2米以上（含2米）有可能坠落的高处进行作业，必须100%系挂安全带。

### 安全带使用"零容忍"原则

高处作业应系挂安全带，且应确保系点可靠。

人员在高处作业移动过程中，应确保至少有一根安全系索系挂且系点可靠。

高空作业上天桥，安全带儿要系牢

## 高处作业基本要求

◆ 应办理作业许可；
◆ 应对作业人员进行安全教育和技术交底；
◆ 作业人员无不适宜的疾病和生理缺陷；
◆ 正确佩戴劳保用品；
◆ 设置警戒区，避免垂直交叉作业；
◆ 作业面上的材料堆放要平稳可靠，不得占用应急通道；
◆ 防止作业携带的工具、材料高处坠落；
◆ 不能用火焊带、把线、电线代替绳索使用；
◆ 六级以上大风等恶劣天气不得进行露天攀登与悬空高处作业；
◆ 高处作业的高耸建、构筑物应事先设置避雷设施；
◆ 拆除作业时，一定要采取更严格的措施。

## 动火作业

### "四不动火"原则

◆ 无动火作业许可不动火；
◆ 无监护人不动火；
◆ 安全措施不落实不动火；
◆ 与动火作业许可的内容不符不动火。

### 与动火作业相关的潜在风险

- 火灾
- 爆炸
- 设备或财产受损
- 窒息或吸入有毒有害气体
- 触电
- 灼伤烫伤
- 眼部伤害

作业安全

## 动火作业基本要求

◆ 应办理作业许可；
◆ 应对作业人员进行安全教育和技术交底；
◆ 距离动火点30米内不准有液态烃或低闪点油品泄漏，半径15米内不应有其他可燃物泄漏和暴露，且所有的漏斗、排水口、各类井口、排气管、管道、地沟等应封严盖实；
◆ 采取必要的防火隔离措施；
◆ 配备足够的消防器材；
◆ 确保应急疏散通道的畅通；
◆ 受限空间内动火，尤其要注意气体监测；
◆ 消除残火，清理并确认后方可离开现场；
◆ 油气聚集区应使用防爆电器和工具；
◆ 时刻注意控制火花飞溅；
◆ 气瓶间距和气瓶与明火距离分别不得小于5米和10米；
◆ 防止火花直接落在气瓶上；
◆ 乙炔和氧气软管及气带接口正确布置，经常检查。

气泻于针扎，祸始于违章

## 临时用电作业

### 建筑施工、检修作业现场临时用电应符合以下基本原则：

◆ 采用三级配电系统；
◆ 采用TN-S接零保护系统；
◆ 采用二级漏电保护系统。

### 使用临时电源的基本要求

◆ 应办理作业许可；
◆ 临时用电作业应由持证电工作业；
◆ 所有电气设备、线缆及电工作业使用的工具、防护用品等应是合格的；
◆ 线缆过路应埋地或架空敷设，并有可靠的保护措施和明显的警示标志，严禁将树、脚手架或金属管用作支架以架设临时电缆；
◆ 所有临时用电电缆和配线禁止铁丝捆绑、浸泡水中，要有可靠的绝缘和连接，远离热源和碾压、撞击区域布置；
◆ 室外配电箱、开关应有防雨、防尘措施；

作业安全

安全来于警惕，事故出于麻痹

- 所有临时电源盘柜应上锁，只有指定的电工才可操作；
- 配电箱、开关箱每月检查维修一次；
- 施工现场停电1小时以上时，应切断电源，锁好开关箱；
- 雨雪过后应先进行检查，再送电；
- 所有的便携式电动工具设备应有漏电保护，并且操作时一个工具对应一个开关；
- 严禁旁通保险丝或用普通电线代替保险丝；
- 行灯应使用36伏以下安全电压。

**HSE学习手册**

## 受限空间作业

### 符合以下条件的称为受限空间

**物理条件（同时符合以下三条）：**

◆ 有足够的空间，让员工可以进入并进行指定的工作；
◆ 进入和撤离受到限制，不能自如进出；
◆ 并非设计用来给员工长时间在内工作的。

**危险特征（符合任一项或以上）：**

◆ 存在或可能产生有毒有害气体；
◆ 存在或可能产生掩埋进入者的物料；
◆ 内部结构可能将进入者困在其中；
◆ 存在已识别出的健康、安全风险。

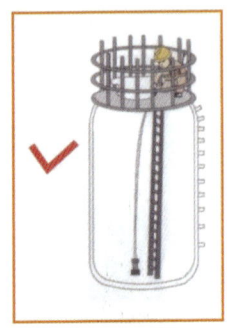

进入受限空间前，应进行气体检测。

受限空间内氧气含量小于19.5%，不应进入。

作业安全

## 在受限空间内禁止以下行为

◆ 禁止无作业许可票证作业；
◆ 禁止与作业许可票证内容不符的作业；
◆ 禁止无监护人员的作业；
◆ 禁止超时作业；
◆ 禁止在受限空间内用易燃易爆油品清洗设备和工具；
◆ 禁止不明情况的盲目救护。

潜在风险（来自空气的风险）
可燃性气体
有毒气体
刺激性（腐蚀性）气体
使人窒息的气体

一般的风险来自于
机械伤害
通讯和交流的不便
进出受阻
物理损伤
高温
噪声
震动

13

苍蝇不盯无缝蛋，事故专找蛮干汉

禁止合闸

HSE学习手册

## 进入受限空间作业的基本要求

◆ 应办理作业许可；
◆ 作业前、过程中应按规定频率和项目进行受限空间内气体检测和监测；
◆ 应对作业人员进行安全教育和技术交底；
◆ 佩戴适宜的劳动保护用品，使用符合要求的工具；

## 作业安全

- 作业期间监护人不得离岗，对进出受限空间人员做好登记；
- 所有与作业点相连的管道、阀门应加盲板断开；
- 进入带有转动、加热等部件的设备内作业时，电源线路与开关之间应有明显的切断点，并悬挂标示牌设专人监护；
- 出入口内外不得有障碍物，保证其畅通无阻；
- 受限空间内作业应使用安全电压和安全行灯照明，用电应使用隔离变压器；
- 配备一定数量符合规定的应急救护器具和灭火器材；
- 每次作业时间不宜过长；
- 可采用自然通风或强制通风方法，严禁通氧气；
- 发生中毒、窒息的紧急情况，抢救人员应佩戴隔离式防护器具，并至少留一人在外做监护和联络工作。

打开生命之门，强化你我责任

## 动土作业

### 动土作业基本要求

◆ 应办理作业许可,设置监护人;
◆ 挖掘前应确认区域内地下管线/电缆的具体位置,确认挖掘不会影响附近脚手架或其他建筑结构的基础;
◆ 挖掘时若遇到地下设施应停止工作;
◆ 所有的开挖区域应有合适的警戒线,防止人员和车辆进入敞开的挖掘体内,挖掘深度达2米或以上时,按规定要求放坡或支护,要设置可靠护栏,护栏高度为1.5米;
◆ 使用的设备应远离边缘,放在稳固的场所;
◆ 挖掘出来的泥土不应堆积在挖掘点旁边,堆放点离开挖掘点的距离应大于挖掘深度,至少超过1米,而且堆积高度不得超过1.5米;
◆ 夜间挖掘应有充足的照明;
◆ 拟好排水计划,应对挖掘中可能出现的大量渗水;
◆ 进出挖掘区要有合适的梯子或其他安全通道;
◆ 以汽油或柴油为燃料的设备不能放置在尾气不能排出的挖掘区内或边缘。

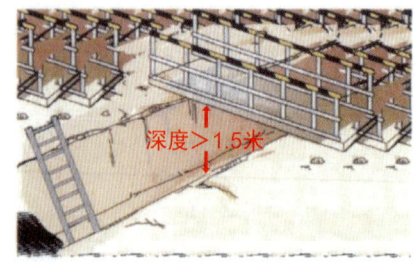

## 人工开挖注意事项

◆ 应按要求办理受限空间作业许可；
◆ 安排专业人员一直守护在挖掘现场；
◆ 挖掘区边缘须有合适的支撑或筑成斜坡；
◆ 坑体须有两个出入口；
◆ 进入前须确认坑体是干燥的；
◆ 如坑体内可能存在有害气体，开挖前和过程中应按规定的频率进行检测和监测。

## 机械挖掘注意事项

◆ 机械设备应经检查合格后方可进入现场;
◆ 操作人员和指挥人员应持有效证件方可上岗;
◆ 当挖掘深度离地下设施1米左右时应停止工作,采用人工挖掘挖出埋件;
◆ 除专业人员外,其他人员不得进入机械设备工作范围;
◆ 开挖过程中遇到不明的危险物体时,应停止工作,撤离现场,同时立即联系现场应急指挥人员。

### 挖掘中的潜在风险

▲ 坑体坍塌
▲ 物体或人员落入坑体内
▲ 人员被物体击中
▲ 损害建筑结构或临时设施基础
▲ 损坏地下设施
▲ 通道受影响
▲ 烟雾和气体在坑道内聚集

作业安全

## 吊装作业

### 吊装作业基本要求

◆ 应有经过批准的吊装方案；
◆ 应办理作业许可；
◆ 应对参加吊装作业的人员进行安全交底；
◆ 吊装前应对吊装设备进行检查确认；
◆ 吊装作业应划定警戒区域，并设警示标志，必要时应设专人监护，无关人员不应通过或停留；
◆ 起吊速度不应太快，不得在高空停留过久，严禁猛升猛降；
◆ 构件固定并确定连接安全可靠后方可松钩、解开吊装索具；
◆ 起重机行驶和驻留的路面应平整、坚实、可靠；
◆ 起重机履带或支腿应支撑在可靠的垫板或基础上。

乞求别人关爱，不如自我保护

HSE学习手册

## 吊装作业"十不吊"

1. 无人指挥或指挥信号不明不吊；
2. 光线阴暗，视线不清不吊；
3. 吊车不完好或安全装置失灵不吊；
4. 重物超负荷不吊；
5. 货物上面或下面有人不吊；
6. 货物有尖锐棱角，没有采取安全措施不吊；
7. 货物捆绑不牢、吊索没有挂紧不吊；
8. 埋在地下的不明物体不吊；
9. 斜拉硬拽不吊；
10. 一般情况下风速在六级以上不吊。

## 放射性作业

### 放射性作业基本要求

◆ 放射性作业应办理作业许可；

◆ 作业过程中，监护人应对警戒范围区域周边进行巡视；

◆ 无论是发现设备或放射源异常还是有人员进入警戒范围，应立即停止作业；

◆ 严格遵守放射源保管规定，源库应双人双锁，无关人员不得动用；

◆ 无关人员不要随意进入、靠近装有放射源的设备、场所或工作警戒区域。

制度严格漏网少，措施得力安全好

HSE学习手册

# 脚手架作业

## 与脚手架作业有关的风险

- ▲ 高处坠落
- ▲ 脚手架坍塌
- ▲ 物体打击
- ▲ 触电

## 脚手架作业和使用基本要求

- ◆ 无论是搭设还是改造、拆除脚手架,均须办理作业许可,并设置警戒区域、监护人;
- ◆ 在不小于2米高度的地方作业应搭设合适的工作平台或脚手架;
- ◆ 应按标准要求制定脚手架搭设/拆除方案、计划,并经过批准;
- ◆ 脚手架应搭设在牢固的基础上;
- ◆ 脚手架搭设、改造或拆除应由专业架子工操作;
- ◆ 架子工应持证上岗;
- ◆ 应定期对脚手架进行检查;
- ◆ 脚手架距离电线应有一定的安全距离。

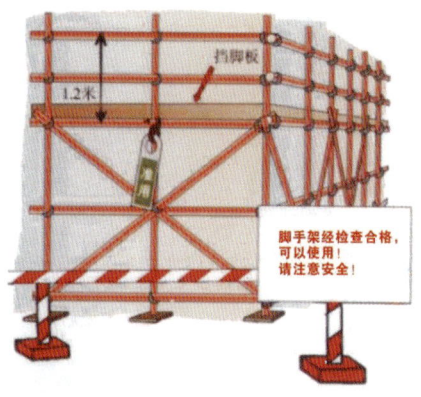

## 脚手架作业和使用的十个"严禁"

1. 严禁使用没有验收合格的脚手架;
2. 严禁使用不稳固的脚手架;
3. 严禁向脚手架上或从脚手架上向下抛掷物料;
4. 严禁在不防滑的脚手架上施工;
5. 严禁将杂物留在脚手架上;
6. 严禁使脚手架超负荷承重;
7. 严禁随意改动脚手架的任何部分;
8. 严禁在光线或照明不足时搭设或拆除脚手架;
9. 严禁将脚手架做接地线使用;
10. 严禁风力超过6级时进行与脚手架有关的作业。

## 夜间作业

### 夜间作业基本要求

◆ 应按要求办理作业许可；
◆ 现场要提供足够的照明；
◆ 照明设备应有防护罩；
◆ 电线电缆应做好隔离，在容易绊人和触电的地方，要做好警示标识；
◆ 处于交通要道的电线电缆都应加以防护；
◆ 除焊接一类的特殊作业之外，不允许使用彩色眼镜或墨镜；
◆ 灯光不得有任何干扰驾驶员、作业人员的眩光；
◆ 来回移动车辆上的头灯应处于长开状态；
◆ 现场办公室、卫生间、工棚等处应有照明，夜班施工期间这些地方的照明灯应保持长开；
◆ 指挥车辆的人员应站在离车辆足够远、并且容易被发现的路肩上等安全地带；

作业安全

◆ 现场的工程指挥人员应穿戴反光背心，使用电筒、反光标志牌或能发声的警告工具如喇叭或哨子等来指挥；
◆ 应按需要使用警示设施或安全器具，如警告标志牌、反光交通锥标、闪光灯、路障标志带等。

灾害常生于疏忽，祸患多起于细末

# 吊篮作业

## 吊篮作业基本要求

- 应办理《吊篮作业许可证》；
- 载人吊篮用索具的安全系数为14；
- 起重机悬挂吊篮的索具要使用4根吊带；
- 吊篮启用前，先用吊篮允许负荷2倍的重物进行上下吊运和定位等试验，确认操作安全可靠后方可使用；
- 安全带系挂在起重机吊钩上，吊篮底部应设置不少于2根溜绳，升降时有专人控制其稳定性；
- 使用吊篮作业时，作业区域下方设置警戒标志和围栏并设专人监护；
- 吊篮升降有专人指挥，吊篮处于15米以上（含15米）高处作业时，指挥人员和作业人员要配有专门的通讯设施；
- 小型工具和物品放在工具袋内，防止坠物伤人；
- 遇雨、雾或5级（含5级）以上大风时，严禁吊篮作业；
- 吊篮内不得进行焊割作业。

作业安全

## 交叉作业

### 交叉作业基本要求

◆ 同一作业区域内施工应避免交叉作业，在无法避免交叉作业时，应避免上下垂直立体交叉作业；
◆ 进行交叉作业前，应开展工作安全分析（JSA），并编制交叉作业方案；
◆ 交叉作业双方的作业负责人和HSE负责人在作业前对作业人员进行安全交底；

重视安全硕果来，忽视安全遭祸害

**HSE学习手册**

- ◆ 双方各指定专职安全管理人员在施工现场进行安全监护、检查与协调；
- ◆ 当施工过程中发生冲突和影响施工作业时，双方应停止作业，补充完善交叉作业安全协议或方案，落实防范措施，经双方签字确认后方可继续作业；
- ◆ 交叉作业现场设置的安全防护设施（如隔离层、孔洞盖板、栏杆、安全网、警示标识等）严禁擅自拆除，必须拆除时，应征得交叉作业双方同意，并采取临时安全施工措施；
- ◆ 在同一作业区域内进行起重吊装作业时，应指派统一的指挥；
- ◆ 由于上方施工可能坠落物件或处于起重机主臂回转范围之内的通道，在其受影响的范围内，应搭设顶部能防止穿透的双层防护廊或防护棚；

出门带伞防天雨，上岗遵章防事故

- 在上下同时进行动火作业时,上方动火作业应注意下方有无人员、易燃及可燃物质,并做好防护措施(如接火盆、防火毯)遮挡落下焊渣;
- 交叉作业一旦发生险情或意外,安全监护人员应及时通知在同一区域作业的其他班组或承包商,在人员撤离危险区域前,任何一方均不得继续从事可能产生危险的作业。

## 下列情况下禁止进行交叉作业

- 疏浚、沉石警戒区内;
- 沉箱运输、安装警戒区内;
- 软基处理警戒区内;
- 土石方开挖区域内其他作业;
- 爆破作业警戒区内;
- 打桩警戒区内;
- 边坡施工警戒区下方;
- 动火作业安全距离内进行防腐作业;
- 受限空间内防腐与动火作业同时进行;
- 起重吊装、运输与装卸警戒区内;
- 脚手架安装、拆除警戒区内;
- 模板、格栅板、机械设备安装警戒区内;
- 射线检测警戒区内;
- 管道、设备试验(试压、吹扫、气密、氮封)、机械试车、系统投料运行时,在警戒区域内进行其他施工作业;
- 所有拆除警戒区内。

## 高温作业

### 什么是高温作业?

高温作业是指:夏季通风室外计量温度不小于30℃的露天作业。高温作业容易造成人员中暑。

### 中暑症状

- ◆ 发热、乏力、皮肤灼热、头晕、恶心、呕吐、胸闷;
- ◆ 烦躁不安、脉搏细速、血压下降;
- ◆ 重症病例有头痛剧烈、昏厥、昏迷、痉挛。

### 中暑性疾病急救

将患者及时撤离高温作业环境,到通风良好、阴凉的地点静卧休息,给予十滴水、藿香正气水、含盐清凉饮料等,先兆中暑和轻症中暑者可逐渐恢复。重症中暑者应紧急送往医疗单位抢救。

作业安全

## 高温作业饮水三原则

◆ 补足补够原则,一般来说,要比平常每天多饮水3～5升,食盐20克;
◆ 饮水方式以少量多饮为宜,暴饮会加重心、肾和胃肠道负担,又促使大量排汗;
◆ 饮水和补盐同时进行,不能单纯补充水分。

亡羊补牢虽不晚,何不防患于未然

## 雨季施工

### 雨季施工基本要求

◆ 禁止在下雨时无有效防雨措施进行电焊作业、砂轮切割打磨作业。
◆ 当6级以上风力、暴雨、雷雨天气应停止一切室外作业,人员撤到安全地方,砼浇筑要采取严格的安全防范措施。

晴带雨伞饱带粮,事故未出宜先防

**作业安全**

- 在小雨、风力小于6级的天气作业时,作业人员要穿雨衣、雨鞋,机电操作人员应戴绝缘手套、穿绝缘鞋。
- 遇暴风雨天气,专业电工要进行现场值班检查,必要时立即拉闸断电,下班前应将各设备、工具电源断开。
- 有雷电时,人员不得靠近防雷装置,避免作业人员直接暴露在建筑物、构架、设备最高处,防止雷电直接伤人。
- 发现基坑支护、边坡、挡墙等有变形、位移、开裂等异常情况,要及时采取措施。
- 起重作业、脚手架作业、钢结构安装、设备安装,突然遇雨时,应对已就位的工件做好临时支撑加固措施。
- 对甲板、坡道、脚手架板、人行通道等处应做好防滑与防跌落措施。

## 雨后施工安全保证措施

- 雨后对各种机电设备、临时线路、外用脚手架、模板支撑系统、塔吊基础、道路等设施等进行检查,如发生倾斜、变形、下沉、沉陷、松动、漏电等迹象,应立即标志危险警示并及时修理加固。
- 雨后进行起重作业时应首先检查起重设备本身的稳定性,确认起重设备本身安全未受到雨水破坏后再做试吊。
- 由于雨后工件表面及吊装索具被淋湿,必要时可采取增加索具与构件表面粗糙度等措施来保证起重作业的安全进行。

HSE学习手册

## 冬季施工

### "四防"：防冻、防滑、防火、防中毒。

#### 防冻

**人员防冻**：穿戴符合安全要求的防寒保护用品，如防寒帽、防寒服、防寒手套、防滑鞋；

**设备防冻**：水箱使用防冻液，设备试压完毕，将水及时放空。

#### 防滑

◆ 遇到雨雪等恶劣天气时，要及时清除施工现场的积水、积雪，脚手架及马道要有防滑措施，严禁雨雪和大风天气强行组织施工作业；车辆应做好在冰雪路面上行驶的防滑措施。

◆ 霜、雪过后要及时清扫作业面，对使用的临时操作架和临边防护设施应由安全管理人员检查合格后才能继续使用，防止因霜、雪和场地太滑而引起高处坠落事故。

## 防火
施工现场严禁使用明火取暖，宿舍内严禁使用电炉、碘钨灯取暖。

## 防中毒
室内采用煤炭、天然气和煤气等燃烧式取暖设备时，应架设烟囱，封闭的场所应有通风换气措施。

# HSE知识

## 劳动防护用品

您所穿戴的劳动防护用品是您*最后一道防线*，请按规范标准要求使用！

**基本规则：**
没有佩戴正确的个人劳动保护用品，严禁进入现场。

- ◆ 头部：安全帽
- ◆ 眼部：防护镜
- ◆ 足部：工作鞋
- ◆ 四肢及躯干：长袖工作服和警示背心(夜间)
- ◆ 根据工作特点和工作区域佩戴其他适当的个人防护用品

安全防护要做好，进入现场有『三宝』

HSE知识

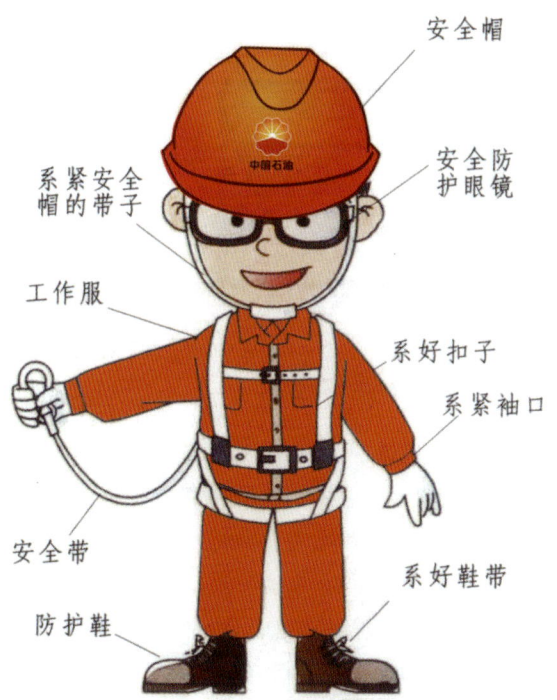

幸福是棵树,安全是沃土

HSE学习手册

## 交通安全

### 交通安全基本要求

◆ 司机应持有公司内部准驾证；
◆ 车辆应定期检查维护保养；
◆ 驾驶车辆须遵守交通法规；
◆ 严禁酒后驾车、疲劳驾驶和超速行驶；
◆ 严禁驾车时接打电话；
◆ 行驶过程中，司机和乘客应系上安全带。

安全法规血写成，违章作业情不容

# HSE知识

## 消防安全

### 火灾事故发生的原因？

◆ 用火管理不当；
◆ 对易燃物品管理不善；
◆ 电气设备绝缘不良；
◆ 工艺布置不合理；
◆ 违反安全操作规程；
◆ 气体、粉尘或可燃蒸气因通风不良聚集；
◆ 避雷设备装置不当；
◆ 易燃易爆生产场所的设施未采取消除静电措施；
◆ 棉纱、油布等在一定条件下发生自燃起火。

### 消防安全"六知道"

◆ 知道紧急撤离线路；
◆ 知道灭火器及消防栓的位置；
◆ 知道怎样使用灭火器及消防栓；
◆ 知道在哪里按响警报器；
◆ 知道急救箱在哪里；
◆ 知道撤离后的紧急集合地点。

老鼠爱打洞，事故爱钻空

## 消防四种能力

◆ 检查火灾隐患的能力；
◆ 扑救初期火灾的能力；
◆ 组织疏散逃生的能力；
◆ 消防宣传教育的能力。

## 四懂四会

◆ 懂本岗位的火灾危害性；
◆ 懂预防措施；
◆ 懂扑救方法；
◆ 懂防火巡查方法；
◆ 会报警；
◆ 会使用灭火器材；
◆ 会处理初期火灾；
◆ 会逃生。

定期检查消防设备、设施。

## 严禁以下10种行为

- ◆ 消防安全制度不健全、人员责任不明确;
- ◆ 占用消防通道和应急逃生疏散通道;
- ◆ 安全出口或疏散通道上设置障碍物;
- ◆ 将安全出口、疏散标志遮挡覆盖;
- ◆ 消防设施不能使用或长期未验证其有效性;
- ◆ 消防设施设置在不易发现处或被覆盖;
- ◆ 长期未进行消防演练、人员未接受培训;
- ◆ 消防器材的布置与所防护对象不匹配;
- ◆ 没有重点部位的消防安全方案、应急处置措施;
- ◆ 社会依托资源未落实。

消防演习,既生动又直观

安全两天敌,违章和麻痹

# HSE学习手册

## 办公室安全

### 注意事项

◆ 上下楼梯时，应扶扶手；

◆ 熟悉办公场所的应急通道；

◆ 下班时，最后离开办公室者负责关闭所有灯具和电器；

◆ 严禁未经许可在办公室内接拉电线、电源；

◆ 使用办公电器时，应严格遵照使用说明，电器、电路出现故障时，不要自己修理，要通知专业维护人员进行处理；

上班一走神，事故敲你门

**HSE知识**

- 保持通道畅通，不要在通道上堆放物品；
- 不得在禁烟区域抽烟；
- 如果有任何安全隐患，请立即通报主管或安全管理人员；
- 避免将公司保密文件传真至酒店等公共场所；
- 接触保密文件的员工应避免在公众场合讨论有关内容（例如在飞机、餐厅、车站、厕所等公众场合），在使用台式电脑时也要确保敏感信息不被他人获知（如使用公共磁盘等）；
- 员工在使用完保密文件或离开办公室时应将文件上锁；
- 员工离开办公室时应将存有保密文档的电脑关闭或设置开启密码；
- 各部门的来访者须有相关部门人员陪同，方可在办公区走动或进入经批准可参观的区域。

知险防险不危险，违章蛮干是危险

## 差旅安全

### 注意事项

◆ 将有关个人资料的复印件存放一份在家中及办公室中,如:出差路线、护照(身份证)、签证、对方公司联系人和电话号码;

◆ 随身携带紧急联系资料,应包括:家中联系电话、健康信息、过敏情况、现在或曾经患过的疾病、现服食的药物等;

## HSE知识

- 携带护照（身份证）、机票及所有旅行资料，应将其复印件与原件分开存放；
- 将贵重珠宝饰品存放家中；
- 注意行程安排，与同事保持联系；
- 尽量不与陌生人搭讪，需帮助时尽量找巡警；
- 应酬中，严禁醉酒；
- 在酒店中，证实来访者后才开房门；
- 入住酒店或进入其他公共场所，应首先了解安全出口和灭火救生器材的位置；
- 所有意外事故，应保全一切已掌握的证物。

高高兴兴上班，平平安安回家

## 急救常识

### 烫伤急救

◆ 用水冷却烫伤部位(10~15分钟),直到没有痛与热的感觉;
◆ 烫伤部位被粘住了,不可硬脱下来,可以一面浇水,一面用剪刀小心剪开;
◆ 冷却后,涂抹烫伤膏;
◆ 用干净的纱布轻轻盖住烫伤部位,如有水泡,不可压破,以免引起感染;
◆ 请医生或送医院。

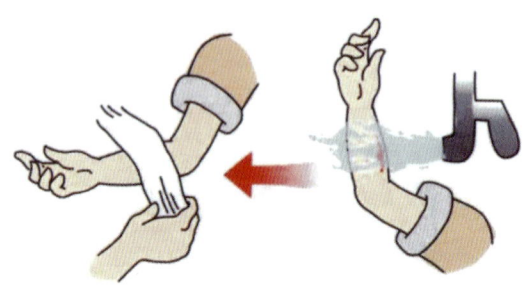

## 食物中毒急救

一旦有人出现上吐、下泻、腹痛等食物中毒症状,首先应立即停止食用可疑食物,同时,立即拨打120呼救。在急救车到来之前,可以采取以下自救措施。

**催吐**:对中毒不久而无明显呕吐者,可用手指、筷子等刺激其舌根部的方法催吐,或让中毒者大量饮用温开水并反复自行催吐,以减少毒

班前饮了酒,独木桥上走

素的吸收。经大量温水催吐后，呕吐物已为较澄清液体时，可适量饮用牛奶以保护胃黏膜。如在呕吐物中发现血性液体，则提示可能出现了消化道或咽部出血，应暂时停止催吐。

**导泻**：如果病人吃下中毒食物的时间较长(超过2小时)，而且精神较好，可采用服用泻药的方式，促使有毒食物排出体外。用大黄、番泻叶煎服或用开水冲服，都能达到导泻的目的。

**保留食物样本**：由于确定中毒物质对治疗来说至关重要，因此，在发生食物中毒后，要保留导致中毒的食物样本，以提供给医院进行检测。如果身边没有食物样本，也可保留患者的呕吐物和排泄物，以方便医生确诊和救治。

## 化学品入眼急救

◆ 立即用清水长时间冲洗眼睛，冲洗时，受伤眼睛在下，以免水流入另一只眼；
◆ 较为严重时，应在救护人员到达前持续冲洗眼睛，冲洗至少在30分钟以上；
◆ 用消毒纱布或眼垫覆盖以减少眼动，用柔软绷带固定纱布或眼垫；
◆ 立即送医，告诉医生有关化学品的类型。

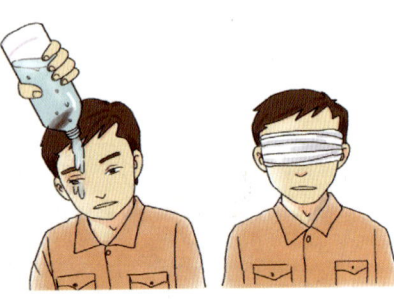

## 触电急救

◆ 切断电源,用绝缘物挑开电线;
◆ 若触电者伤势不重,神志清醒,应使其安静休息,不要走动,请医生前来救治或送医院;
◆ 若触电者伤势较重,呼吸停止或心脏停止跳动,应立即进行人工呼吸和胸外挤压急救,并速请医生或送医院。

## 骨折急救

妥善固定是骨折急救处理时的重要措施。

**固定的目的**:避免在搬运时加重软组织、血管、神经或内脏等的损伤;避免骨折端活动,减轻病人痛苦;便于运送。

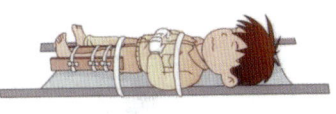

**要领**:用绷带、木板等固定伤部,勿抬、背伤者,要将其平放在担架上,用皮带固定,防止滑落,送医院救护。

## 手动工具安全使用基本要求

◆ 使用之前应先进行检查；
◆ 根据工作的需要选择大小合适的正确工具；
◆ 确保工具始终处于良好的工作状态；
◆ 学习正确使用工具的方法；
◆ 了解工具用途，正确使用工具；
◆ 安全携带和保管工具；
◆ 选择合适的个人劳动防护用品。

## 电动工具安全使用基本要求

◆ 穿戴合适的个人劳动防护用品；
◆ 使用之前先进行检查并测试；
◆ 电动工具在使用之前处于"停止"状态；
◆ 使用双层绝缘并有漏电保护开关的电动工具；
◆ 电动工具和安全防护罩要经常维修保养；
◆ 手持磨光机应有手柄，切割和打磨的砂轮片不能混用。

# HSE知识

## 电动工具使用注意事项

◆ 不要通过提拉工具上的电缆来进行搬运；
◆ 工具不用时要把插头拔下，拔插头时不要猛拽电线；
◆ 对工具进行紧固时要使用专用的夹子或卡子；
◆ 防止工具被意外启动；
◆ 保持工具的干净整洁；
◆ 手持工具时，脚要站稳并保持身体平衡；
◆ 穿着适当的工作服；
◆ 有故障的工具应停止使用并贴上"禁用"标签；
◆ 电动工具应在它们的设计工作范围内使用；
◆ 工具不用时应存放于干燥处；
◆ 不宜在潮湿环境使用电动工具；
◆ 工作地点应有充足的照明。

臆测行车害处大，犹如盲人骑瞎马

# 安全色与安全标识

**安全色**

**红** 红色表示禁止、停止的意思

**黄** 黄色表示注意、警告的意思

**蓝** 蓝色表示指令、必须遵守的意思

**绿** 绿色表示通行、安全和提供信息的意思

当心伤手

对违章的庇护，就是对职工的伤害

## 安全标识类型

禁止标识：禁止人们不安全行为的图形标识。其基本型式为带斜杠的圆形框。圆环和斜杠为红色，图形符号为黑色，衬底为白色。

禁止鸣喇叭

警告标识：提醒人们对周围环境引起注意，以避免可能发生危险的图形标识。其基本型式是正三角形边框。三角形边框及图形为黑色，衬底为黄色。

注意危险

指令标识：强制人们必须做出某种动作或采用防范措施的图形标识。其基本型式是圆形边框。图形符号为白色，衬底为蓝色。

提示标识：向人们提供某种信息的图形标识。其基本型式是正方形边框。图形符号为白色，衬底为绿色。

紧急疏散方向

**HSE学习手册**

## 文明施工

你有没有想过把你的工作变得简单和轻松些？

如何消除可能导致事故发生的文明施工方面的问题？
——推进5S现场管理的常态化和标准化。

干部松一寸，职工松一尺

整理 要与不要 一留一弃
整顿 科学布局 取用快捷
素养 形成制度 养成习惯
清扫 清除垃圾 美化环境
清洁 洁净环境 贯彻到底

5S是指整理（Seiri）、整顿（Seiton）、清扫（Seiso）、清洁（Seiketsu）、素养（Shitsuke）。

从整理、整顿入手，点滴做起，勤于清扫，保持清洁，自始至终地提高员工的个人素养。

## HSE知识

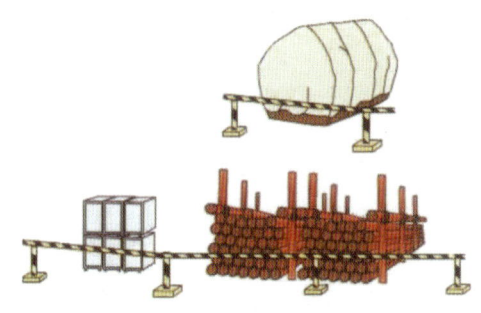

| 以下这些举手之劳您做到了吗? | | 有什么益处? |
|---|---|---|
| 钉子: | 将废木上的所有钉子取下,然后将废木料整齐地堆放到指定地点; | 防止绊倒、刺伤 |
| 废金属: | 当一些金属皮被拆下时,立即收拾起并放到指定垃圾箱内; | 防止绊倒、划伤 |
| 电线电缆: | 如果你要将一根电线从走道上拉过,一定要将其架空挂起; | 防止绊倒 |
| 食物垃圾: | 在餐后将剩余垃圾放到指定垃圾桶内; | 防止燃烧、污染 |
| 垃圾容器: | 装过易燃液体(如油漆,稀释剂)的容器放置在单独的垃圾桶内; | 防止燃烧、污染 |
| 存放地点: | 保持工作现场材料存放地点的整洁; | 安全,便于查找 |
| 积水结冰: | 及时清除可能使人滑倒的积水,冬天及时清理地面上的结冰。 | 防止滑倒 |

保持一个良好的施工环境是一项持续不间断的工作,这需要每一个员工的积极参与。

安全天天讲,生产有保障

## 职业病预防

在石油化工、电力等行业的建设、运行过程中,常见职业病如下。

## 尘肺

**临床表现**:初期尘肺常在进行X射线胸片检查时才被发现,此时患者无明显临床症状。病程进展或有并发症时,可出现气短、胸闷、胸痛、呼吸困难、咳嗽及咯痰等症状以及心肺功能、化验指标等的改变。

**易患病工种**:开挖各工种、水泥搬运与拆包工、电焊工、喷砂除锈工以及其他生产过程中接触各种粉尘的工人。

**预防措施**:
(1) "革"即革新工艺与设备;
(2) "水"即湿式作业;
(3) "密"即把粉尘发生源密闭,防止粉尘向外飞扬;
(4) "风"即通风,包括自然通风系统和机械通风装置;
(5) "护"即加强个人防护和增强体质;
(6) "管"即加强防尘工作的技术管理;
(7) "教"即做好防尘工作的宣传教育;
(8) "查"即加强对粉尘作业人员的职业健康检查。

## 锰中毒

**临床表现**：在通风不良条件下进行电焊，吸入大量新生的氧化锰烟雾，可发生咽痛、咳嗽、气急，并骤发寒战和高热（金属烟热）。慢性锰中毒一般在接触锰的烟尘3～5年或更长时间后发病。早期症状有头晕、头痛、肢体酸痛、下肢无力和沉重、多汗、心悸和情绪改变。病情发展，出现肌张力增高、手指震颤、腱反射亢进，对周围事物缺乏兴趣和情绪不稳定。后期出现典型的震颤麻痹综合征，有四肢肌张力增高和静止性震颤、言语障碍、步态困难等以及不自主哭笑、强迫观念和冲动行为等精神症状。

**易患病工种**：电焊工、金属结构制作安装工、钢筋加工及机修工等。

**预防措施**：（1）保持作业场所通风良好。
（2）正确配备个人防护用品，如防尘口罩等。

## 苯中毒

**临床表现**：轻度中毒者可有头痛、头晕、流泪、咽干、咳嗽、恶心呕吐、腹痛、腹泻、步态不稳；皮肤、指甲及黏膜紫绀、急性结膜炎、耳鸣、畏光、心悸以及面色苍白等症状。中度和重度中毒者，除上述症状加重、嗜睡、反应迟钝、神志恍惚等外，还可能迅速昏迷、脉搏细速、血压下降、全身皮肤黏膜紫绀、呼吸增快、抽搐、肌肉震颤，有的患者还可出现躁动、欣快、谵妄及周围神经损害，甚至呼吸困难、休克。

**易患病工种**：油漆工、钳工、汽车修理工等。

**预防措施**：（1）保持作业场所通风良好。
（2）正确配备个人防护用品，如头部防护器具、呼吸防护器具、眼防护器具、身体防护用品、手足防护用品等。

## 噪声性耳聋

**临床表现：** 噪声大于90分贝严重危害听力损伤，噪声大于70分贝影响正常工作，噪声大于50分贝影响人正常睡眠。噪声危害主要症状为进行性听力减退及耳鸣。早期听力损失在4000赫兹处，因此，对普通说话声无明显影响，仅在听力计检查中发现。以后听力损害逐渐向高低频发展，此时感到听力障碍，严重者可全聋。耳鸣与耳聋可同时发生，亦可单独发生，常为高音性耳鸣，日夜烦扰不安。

## HSE学习手册

**易患病工种**：金属安装工、喷砂工、发电工等。

**预防措施**：（1）降低声源噪声。
（2）在传播途径上降低噪声，如采用"闹静分开"和吸声、隔声、消声、隔振等噪声控制技术等。
（3）卫生保健措施，佩戴个人防护用具，常用的有耳塞、耳罩、防声头盔等。

## 急性放射病

**临床表现**：受照射局部发生暂时性红斑，严重者可发生急性放射病时所出现的全身性早期反应（头疼、倦怠、恶心、呕吐等），对人体组织细胞会造成损伤效应。

**易患病工种**：探伤工。

**预防措施**：（1）定期检查探伤设备，防止设备故障造成射线泄漏。
（2）对射线作业区域进行隔离，禁止非工作人员进入。
（3）作业人员穿戴个人防护用品，如防护服、射线剂量检测仪等。

# HSE知识

## 环境保护

### 废弃物分类和处理

#### 废弃物分类

工程建设项目施工常见废弃物分类

| 分类 | | 回收利用情况 | 废弃物名称 |
|---|---|---|---|
| 废气 | | 不可回收利用 | 施工机械/车辆尾气、喷涂液挥发气体、焊接烟尘、锅炉烟尘等 |
| 废液 | 一般废液 | 可回收利用 | 施工排放水、清洗工具/设备污水等 |
| 废液 | 危险废液 | 需特殊处置 | 洗片液、废油、废清洗溶剂、清洗危化品容器污水等 |
| 固废 | 一般固废 | 可回收利用 | 废钢材、废纸、废木材、废水泥袋、废电线、电缆、废塑料、食堂泔水等 |
| 固废 | 一般固废 | 不可回收利用 | 生活垃圾、建筑垃圾、沥青碴、废混料、炉碴、废土石方等 |
| 固废 | 危险固废 | 可处置 | 含油固体废物、废含油手套、棉纱、废油桶、医疗废物、废石棉制品等 |
| 固废 | 危险固废 | 需特殊处置 | 废旧日光灯管、节能灯管、废旧干电池、废蓄电池、化学品溶器、沥青包装桶、化工原料包装物、废放射源、焊条头等 |

#### 废弃物处理

处理原则

减少废弃物的产生 → 再利用 → 回收 → 处理。

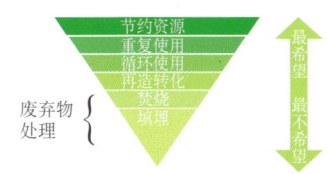

处理流程

分类收集 → 储存 → 运输 → 处理。

加强消防安全，及时清除隐患

一般处理方法

**废气**
- 符合排放标准的：减少排放
- 不符合排放标准的：应经净化处理后再排放

**废液**
- 一般废液：排到污水池处理
- 危险废液：分类收集后交专业厂家回收处理

**固废**
- 一般固废
  - 可回收的：交专业厂家回收再利用
  - 不可回收的：焚烧或掩埋处理
- 危险固废
  - 可处置的：焚烧后掩埋处理
  - 需特殊处置的：交专业厂家回收处理

## 废弃物处理注意事项

★ 有毒有害或腐蚀性废液必须单独存放，并有防泄漏控制措施；

★ 不相容的废物必须单独收集存放；

★ 固体废物和液体废物禁止混合存放；

★ 选择适合的标准的容器，并有清晰的标识；

★ 金属废物要单独收集；

★ 可燃废物应有预防火灾控制措施；

★ 废弃物转移或处置时应做好记录。

## 废弃物标签

★ 废物生产单位必须在容器上清楚地贴上黄色标签；

★ 标签上应标有废物名称、主要成分、主要危害，所写内容必须与容器中废物一致；

★ 标签应该用防雨的油性笔填写以保证标签清晰可辨。

## 有害的焊条

焊条里的重金属是有害成分，所以将焊条定义为有害垃圾。

焊条里的重金属会慢慢地渗入土壤、地表水、地下水，最后积聚进入植物、动物体内，并最终被人体饮用或食用。

重金属在人体里集中导致严重的疾病甚至是癌症。

## 废弃焊条的处理要求

◆ 将有害废物焊条与无害废物分开。
◆ 单独收集分类存放。
◆ 提供专门收集容器。
◆ 指定的废物存放区，指定承包商进行废物处理。

# HSE管理工具

## 作业许可

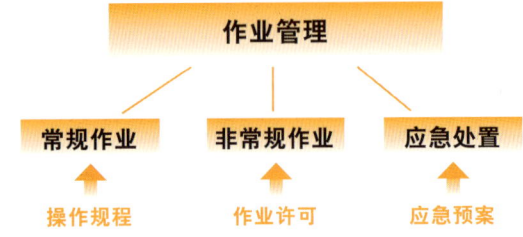

## 四个基本步骤

- 作业前填写作业许可证申请,进行风险评估;
- 批准人进行书面审查,到工作区域实地检查,确认各项安全措施的落实情况;
- 批准人指派监护人,监护人了解作业风险控制措施并确认落实;
- 作业完成后,经申请人与批准人在现场验收合格,双方签字关闭。

### 需要说明的是

- 作业许可是获得安全作业的一个不可缺少的步骤;
- 作业许可不是一张纸,而是必须要履行的一个程序;
- 凡是危险作业都需要遵守;

条条规章血凝成,不要再用血验证

HSE管理工具

◆ 一项作业涉及多个作业许可时，要办理好所有作业许可后方可作业；
◆ 如果业主没有这方面的制度，公司内部也要执行作业许可制度。

## 实行作业许可的高危作业范围

◆ 对基坑支护与降水工程作业；
◆ 挖掘作业(动土作业)；
◆ 受限空间作业；
◆ 高处作业；
◆ 吊装作业（移动式吊装作业、被吊装物重量在20吨以上和2台吊车起吊同一重物）；
◆ 电工作业；
◆ 临时用电作业；
◆ 动火作业；
◆ 放射性作业；
◆ 有毒有害场所作业；
◆ 脚手架工程作业；
◆ 经危害因素识别与风险评价，确认为高风险的作业。

其中挖掘作业、受限空间作业、高处作业、吊装作业、临时用电作业、动火作业和放射性作业需要办理专项作业许可证。

HSE学习手册

# 工作安全分析（JSA）

工作安全分析（Job Safety Analysis，简称JSA）：事先或定期对某项工作进行安全分析，识别危害因素，评价风险，并根据评价结果制定和实施相应的控制措施，达到最大限度消除或控制风险的方法。

## 适用范围

**新的工作**：通过工作安全分析识别每个作业步骤中的危害因素，评价风险大小，制定控制措施，编制出能将风险控制在可接受范围内的作业方案。

**日常工作**：一是通过工作安全分析梳理和分析现有作业程序存在的问题，持续改进，使得作业程序更为科学、合理，风险进一步降低；二是当设备、工具、作业环境等因素发生变化时，通过工作安全分析识别新的危害因素，完善作业方案，防止因变更而使风险未受控。

## 工作安全分析方法介绍

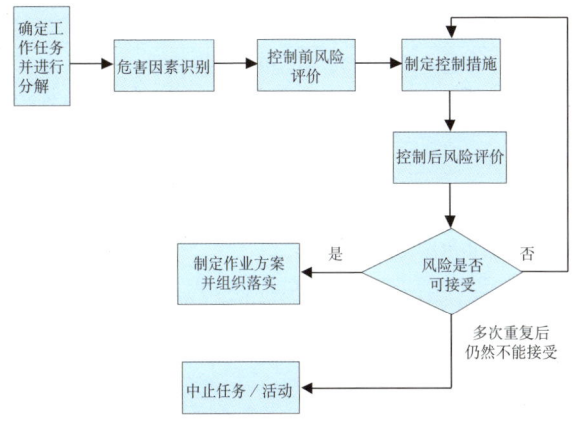

1. 确定需要进行工作安全分析的工作任务;

2. 将工作任务分解为操作步骤,一般不超过10步,当步骤较多时,可将工作任务分解为多个任务再进行操作步骤分解;

3. 对每个操作步骤进行危害因素识别(识别危害因素时应充分考虑人员、设备、材料、方法、环境五个方面和正常、异常、紧急三种状态)、风险评价(使用矩阵法)、制定控制措施,直至各步骤的风险降到可接受的水平,当经多次重复分析、评价,风险仍不可接受时应中止该任务;

4. 制定作业方案并组织实施。

# 工作安全分析表

第_页 共_页 JSA编号：____

| 区域： | 工作描述（及代码，如适用）： | 日期： | □ 新版 <br> □ 修订版 |
|---|---|---|---|
| 执行人及职务： | | 分析人： | |
| 主管： | | 核准人： | |
| 要求或建议的个人防护用品： | | | |

| 工作步骤和次序 | 潜在的危害 | 建议（措施／程序） | 落实人 |
|---|---|---|---|
| | | | |
| | | | |
| | | | |
| | | | |
| | | | |
| | | | |
| | | | |
| | | | |

其中JSA的编号原则为：____ ____
　　　　　　　　　　　　年份　流水号

# 半定量风险评价矩阵

| 后果严重度 | | 可能造成的后果 | | | 发生的可能性 | | | | |
|---|---|---|---|---|---|---|---|---|---|
| | 人员伤害 | 环境影响 | 财产损失 | 社会影响 | 1 | 2 | 3 | 4 | 5 |
| 1 | 轻微<br>急救包扎事件 | 环境影响较小,采取简单的措施即可恢复 | <50,000元 | 局限在小范围内 | 1 | 2 | 3 | 4 | 5 |
| 2 | 一般<br>医疗事件 | 影响较小,需要采用一定的技术手段或资源才能恢复。 | ≥50,000元 | 单位范围内造成影响 | 2 | 4 | 6 | 8 | 10 |
| 3 | 中等<br>轻伤 | 环境污染或损坏对员工和作业区域造成影响,需要采用一定的技术手段或资源才能控制或恢复。 | ≥100,000元 | 公司范围内造成影响 | 3 | 6 | 9 | 12 | 15 |
| 4 | 严重<br>重伤 | 环境污染较大影响,需要采用专门的技术或资源才能控制或恢复。 | ≥500,000元 | 在行业内造成影响 | 4 | 8 | 12 | 16 | 20 |
| 5 | 非常严重<br>死亡 | 环境以外的环境造成重大影响,可能影响作业的公众和作业区域的正常开展。 | ≥1,000,000元 | 在国际上造成影响 | 5 | 10 | 15 | 20 | 25 |

发生的可能性:
1. 不可能发生(行业内没有发生过此类事故)。
2. 可能性比较低(公司没有发生过此类事故)。
3. 可能发生(公司曾经发生过此类事故)。
4. 可能性较高(公司近三年发生过此类事故)。
5. 非常可能发生(公司每年均发生此类事故)。

注:
1. 判定发生可能性还应综合考虑人员暴露时间、人员的经验和培训、控制程序、装备和防护用具等情况。
2. 人员伤害、环境危害、财产损失和社会影响的后果严重度之间没有等同关系,如发生医疗处理事件不等同于财产损失大于等于5万元。
3. 评价时应优先考虑人员伤害后果。

风险等级:
1. 红色区域为高风险、黄色区域为中风险、绿色区域为低风险。
2. 风险等级为高时,不得进行相应的活动或作业。风险等级为中时,应采取控制措施,持续加强监督管理;风险等级为低时,也应取必要的控制措施。

## 行为安全观察与沟通

### 行为安全观察与沟通的核心目标

训练员工通过在工作现场对人的安全行为和不安全行为的观察与沟通来尽可能减少事故和伤害。

### 关键在于

◆ 观察员工工作的进行并与其讨论；
◆ 鼓励安全工作行为；
◆ 制止不安全行为，改变员工的认识与行为。

### 原则

◆ 非惩罚性。

### 行为安全观察与沟通内容

| 员工的反应 | 发现有观察者时，是否改变自己的行为（从不安全到安全） |
|---|---|
| 员工的位置 | 是否有利于减少伤害发生的几率 |
| 个人防护装备 | 是否合适，是否正确使用，是否处于良好状态 |
| 工具和设备 | 使用的工具是否合适，是否正确，是否处于良好状态，非标工具是否获得批准 |
| 程序 | 是否有操作程序，员工是否理解并遵守操作程序 |
| 人体工程学 | 办公室和作业环境是否符合人体工程学原则 |
| 整洁 | 作业场所是否整洁有序 |

当心扎脚
Caution Splinter

## HSE管理工具

### 观察
决定采取行动，安全地制止不安全行为。

### 感谢
对员工的配合表示感谢。

### 表扬
肯定该员工作业中安全的部分。

### 启发
引导员工讨论工作地点的其他安全问题

### 讨论
与员工讨论观察到的不安全行为、状态和可能产生的后果，鼓励员工讨论更为安全的工作方式。

### 沟通
就如何安全地工作与员工取得一致意见，并取得员工的承诺。

你对违章讲人情，事故对你不留情

HSE学习手册

## 个人安全行动计划

### 个人安全行动计划编制要求

结合组织的HSE目标、指标和个人的岗位职责进行编制。

### HSE管理工具

### 编制内容

个人行为：坐车系安全带、去现场正确穿戴劳保用品等；
领导行为：上级辅导下级、培训直接下属、安全审核等；
组织行为：推动HSE管理职责与生产经营活动有机融合等。

### 如何制定？

**根据以下方面编制个人安全行动计划，并向员工公示。**

◆ 公司规定的个人安全行动，如：
　每月进行一次行为安全审核；
　每月主持召开HSE例会；
　主持会议时做安全经验分享；
　………
◆ 领导自觉、自发的个人安全行动（体现更高标准），如：
　每季度给员工做一次安全培训；
　安全里程碑目标达到后亲自给员工颁奖；
　亲自组织或参与事件调查；
　………

**每年年底制定第二年的行动计划，不断对自己提出更高的要求。**
**计划由自己定，关键是落实，不落实就成了反面的有感领导。**

管理基础打得牢，安全大厦层层高

HSE学习手册

## 安全经验分享

安全经验分享是将本人亲身经历或所见、所闻的健康、安全、环保方面的典型经验、事故事件、不安全行为、实用常识等总结出来,在会议、培训班等集体活动前进行宣传,从而使教训、经验、常识得到分享和推广的一项活动。

记住山河不迷路,记住规章防事故

## HSE管理工具

**时间：**不宜过长，一般为3～5分钟。
**内容：**工作中的HSE经验和生活中的HSE常识等。
**形式：**可以直接口述，也可借助多媒体、图片、照片等形式讲述。
**场所：**人员集中地方，不限于各类HSE会议。
**目的：**通过分享，营造人人参与HSE管理的文化氛围。

请思考：
1. 我会做吗？
2. 我是否经常做？
3. 有没有收获？

安全人人抓，幸福千万家

# 目视化管理

目视化管理是一种企业管理的策略模式，也叫可视化管理，是利用形象直观而又色彩适宜的各种视觉感知信息来组织现场生产活动，达到提高劳动生产率的一种管理手段，也是一种利用视觉来进行管理的科学方法，是现场管理核心工具之一。

安全目视化管理包括以下四个方面。

◆ 人员管理目视化

### 工种帽签

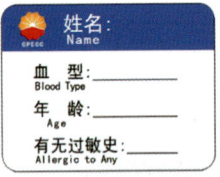

胸牌

## HSE管理工具

◆ 设备工器具管理目视化

◆ 作业场所管理目视化

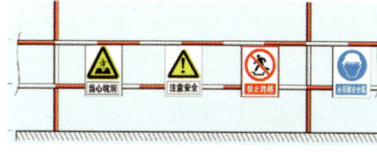 

◆ 办公场所管理目视化

 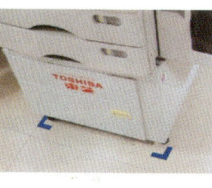 

事故教训是镜子，安全经验是明灯

# HSE培训矩阵

将HSE培训需求与有关岗位列入同一个表中,以明确说明各岗位需要接受的HSE方面的培训内容、培训周期、掌握程度、培训方式等,这样的表称为HSE培训矩阵。不同层次人员的HSE培训内容应该是不一样的。

## 注意事项

◆ 基层HSE培训矩阵是一种提高培训针对性和有效性的工具;
◆ 一切培训活动以满足岗位培训需求为核心,有目的地进行;
◆ 基层HSE培训的责任者不是外部培训机构,而是直线主管;
◆ 培训的每个科目应细化为每一项最小完整操作过程的单元;
◆ 针对每一个层次人员都可以建立针对性的HSE培训矩阵。

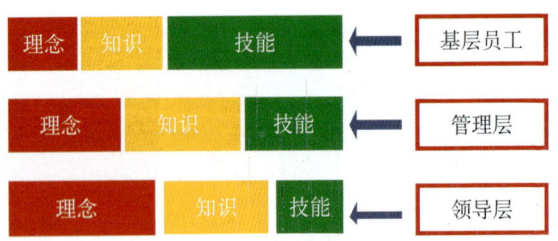

# HSE管理工具

## 班前会商

### 会商的内容与目的

- ◆ 合理安排员工从事适宜的作业;
- ◆ 分析作业中存在的风险;
- ◆ 需要采取的措施是否已落实;
- ◆ 是否履行了作业许可程序;
- ◆ 分析前一阶段存在的问题;
- ◆ 交流探讨并提出合理化建议。

绳子断在细处,事故出在松处

# HSE学习手册

## 上锁挂牌管理

### 上锁挂牌的目的

- 隔离能量；
- 隔离设备；
- 隔离危险物质。

闸阀锁

球阀锁

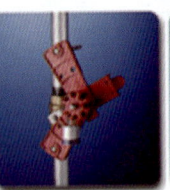
万用球阀锁

电气锁

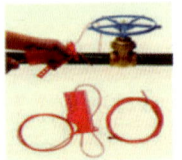
万用锁

搭扣及锁头

搭扣及锁头

镜子不擦拭不明，事故不分析不清

# HSE管理工具

## 安全锁的管理

个人锁：归个人保管并标明使用人姓名，个人锁不得相互借用；
集体锁：现场共用的安全锁，并包含有锁箱。

## 危险警示标牌

◆ 警示标牌应包括标准化用语（如"危险，禁止操作"或"危险，未经授权不准去除"）；
◆ 危险警示标牌应标明员工姓名、联系方式、上锁日期、隔离点及理由；
◆ 危险警示标牌不能涂改，一次性使用，并满足上锁使用环境和期限的要求；
◆ 使用后的标牌应集中销毁，避免误用。

安全不离口，规章不离手

## 上锁、解锁和测试原则

◆ 上锁时,原则上应按照"先电气、后工艺"和"先高压、后低压"的顺序进行;
◆ 解锁时,原则上应按照"先工艺、后电气"和"先低压、后高压"的顺序进行;
◆ 操作人员在上锁程序中最先上锁,最后解锁;
◆ 作业人员在上锁程序中最后上锁,最先解锁;
◆ 测试确认程序遵循"不检测确认,不操作"的原则。

## 上锁挂签六个步骤

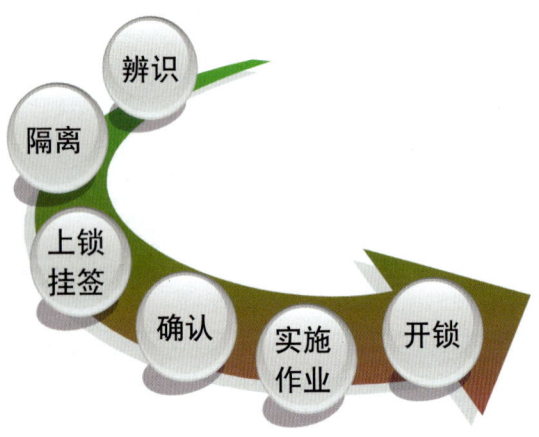

## HSE管理工具

配电柜

设备开关

水源阀门

阀门缆锁

气源阀门

插头锁

## 上锁挂牌的基本要求

◆ 上锁挂牌应由操作人员和作业人员本人进行，并保证安全锁和标牌置于正确的位置上。安全锁钥匙须由作业人员本人保管。

◆ 使用安全锁时，应随锁附上"危险，禁止操作"的警示标牌，上锁必挂牌。在特殊情况下，如特殊尺寸的阀或电源开关无法上锁时，经确认，并获得书面批准后，可只挂上警示标牌而不用上锁，但应采用其他辅助手段，达到与上锁相当的要求。

◆ 作业前，参与作业的每一个人员都应确认隔离已到位并已上锁挂牌，并及时与相关人员进行沟通。整个作业期间（包括交接班），应始终保持上锁挂牌。

◆ 为确保作业安全，作业人员可要求增加额外的隔离、上锁挂牌。作业人员对隔离、上锁的有效性有怀疑时，可要求对所有的隔离点再做一次测试。

检修设备要挂牌，停电以后再接线

# HSE学习手册

- 员工除非经过培训并授权，否则不允许执行上锁挂签程序。
- 绝对不要把钥匙、锁借给别人或与别人共用。
- 所有锁具的保管不允许个人保留备用钥匙，备用钥匙由安全管理人员负责管理。
- 锁具钥匙丢失不允许配制，需使用备用钥匙需经主管同意方可使用。
- 长期待修的设备，其上锁挂牌可用集体锁管理。

检修时，请上锁挂签

# 中国石油工程建设公司
# HSE管理体系推进模式——13361

**1** "1"是坚持一个原则：管工作必须管安全；

**3** "3"是推行三种理念：有感领导、属地管理、直线责任；

**3** "3"是完善三个系统：制度管理系统、培训管理系统、绩效管理系统；

**6** "6"是强推六个工具：作业许可、工作安全分析（JSA）、行为安全观察与沟通、个人安全行动计划、安全经验分享、目视化管理；

**1** "1"是培养一种文化：所有员工都围绕着实现零事故的目标，积极参与、主动负责、共担风险、共同努力。

# 中国石油工程建设公司
# 健康、安全与环境承诺

中国石油工程建设公司一贯认为：世界上最重要的资源是人类自身和人类赖以生存的自然环境。关爱生命、保护环境是本公司的核心工作之一。为了获得和保持良好的健康、安全与环境表现，我们将：

★ 遵守中国和项目所在国法律、法规，尊重当地的风俗习惯；
★ 以人为本，预防为主，追求零伤害、零污染、零事故的目标；
★ 保护环境，节约能源，推行清洁生产，致力于可持续发展；
★ 持续改进健康安全环境管理；
★ 为HSE管理体系的有效运行及持续改进提供必要的资源；
★ 将HSE表现和业绩作为奖惩、聘用、雇用的重要依据；
★ 实施HSE培训，培育和维护企业HSE文化；
★ 坦诚公开我们的HSE表现和业绩；
★ 无论何时何地，我们对HSE态度始终如一。

中国石油工程建设公司的所有员工、承包商和供应商都有责任维护本公司对健康、安全与环境做出的承诺。

## 中国石油工程建设公司
## 健康、安全与环境方针

以人为本、预防为主;过程管控、持续改进。

## 中国石油工程建设公司
## 健康、安全与环境战略目标

追求零伤害、零污染、零事故,在健康、安全与环境管理方面达到国际同行业先进水平。

## 中国石油工程建设公司HSE理念

一切事故都是可以避免的。

## 员工安全权利和义务

**员工的权利：**

★ 享受工伤保险和伤亡求偿权；
★ 危险因素和应急措施的知情权；
★ 安全管理的批评检控权；
★ 拒绝违章指挥、强令冒险作业权；
★ 紧急情况下停止作业和紧急避险权；
★ 对安全生产管理工作的建议权；
★ 获得劳动保护用品的权利。

**员工的义务：**

★ 遵章守规，服从管理的义务；
★ 佩戴和使用劳动防护用品的义务；
★ 接受培训，掌握安全生产技能的义务；
★ 发现事故隐患及时报告的义务。

# 中国石油工程建设公司员工安全行为准则

★ 严格按安全操作规程作业,遵章守纪;

★ 认真履行本岗位的安全生产职责;

★ 认真执行公司各项安全管理规定;

★ 接受相关HSE培训,熟悉工作环境和作业过程中的风险,削减措施到位后方可作业;

★ 进入施工区域和工作前要正确穿戴合格的劳动防护用品;

★ 主动接受HSE部门检查、监督,并及时整改隐患和问题;

★ 发现隐患及时上报,在保证个人安全的前提下采取有效措施消除或控制隐患,将风险降到最低;

★ 知道如何避险,熟悉安全通道,紧急情况下能做好自我保护、应急救援和紧急撤离工作;

★ 上下楼梯扶扶手;

★ 乘坐车辆系安全带。